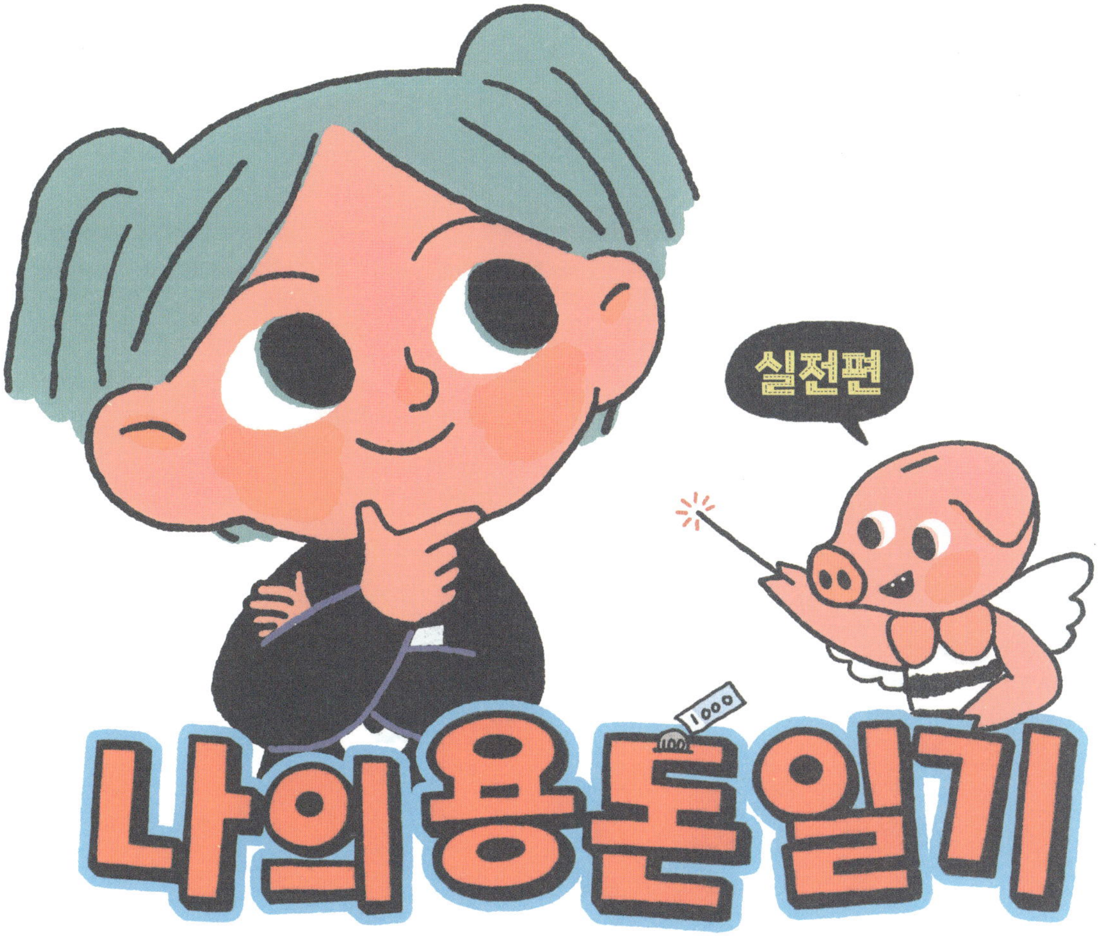

나의 용돈 일기

황지영 박미진 장지영 글 · 이창희 그림

판퍼블리싱

용돈 생활의 시작을 함께합니다!

용돈은 난생처음 내 돈을 모으고, 쓰는 경제 활동입니다.

경제 활동이라고 하니 거창하게 들리나요? 어떻게 시작해야 할지 걱정되나요?

《나의 용돈 일기 실전편》이 도와드리겠습니다.

《나의 용돈 일기》에는 재인이의 용돈 생활이 담겨 있습니다.

책을 읽으며 용돈 관리에 필요한 실전 지식을 배울 수 있지요.

이번에는 여러분이 직접 해 볼 차례입니다.

《나의 용돈 일기 실전편》에는 재인이처럼 용돈을 관리할 수 있는 활동지가 있습니다.

부모님과 함께 해 보면서 용돈 관리 박사가 되기를 응원합니다!

차례

용돈 관리 4단계 ·············· 4
용돈 관리 1단계는 **용돈 정하기!** ·············· 6
용돈 관리 2단계는 **용돈 계획하기!** ·············· 10
용돈 관리 3단계는 **용돈 기입장 쓰기!** ·············· 14
용돈 관리 4단계는 **용돈 결산하기!** ·············· 16
홈 아르바이트를 할래! ·············· 17
저축을 해 볼까? ·············· 19

부록
용돈 계약서
용돈 기입장
홈 아르바이트 쿠폰
홈 아르바이트 기록장
저축 계획표

1단계 용돈 정하기

용돈 얼마를 언제 받아서 어디에 쓸지 정하는 거야.

부모님과 상의해서 용돈을 정하고

용돈 계약서를 작성해 보자.

2단계 용돈 계획하기

용돈을 언제, 어떻게 쓸지 생각해 보는 거야.

용돈을 쓰기 전에 미리 계획을 세우면 알차게 쓸 수 있어.

3단계 용돈 기입장 쓰기

기록하지 않으면 용돈을 계획대로 썼는지 확인하기 어려워.

용돈을 언제, 어디에, 얼마나 썼는지 용돈 기입장에 기록해 보자.

4단계 용돈 결산하기

용돈 기입장을 보고 용돈을 잘 썼는지 확인하는 거야.

용돈 결산을 거듭하다 보면 용돈을 어떻게 관리해야 하는지 이해하게 될 거야.

1. 용돈 기간

용돈을 날마다 받거나 필요할 때마다 받으면 계획적으로 쓰기 어려워. 스스로 용돈 사용 계획을 세우고 계획대로 실천해 보려면 일주일에 한 번 받는 게 적당해. 그러다 용돈 관리를 잘하게 되면 2주, 한 달로 천천히 기간을 늘려 봐.

> _____는 _____에 한 번 용돈을 받습니다.

2. 용돈 사용 범위

용돈을 받으면 무엇을 하고 싶은지 적어 볼까?

적은 내용을 바탕으로 용돈을 받으면 어디에 쓸지 정할 거야.

먼저 일주일 동안 일정을 정리해 보자.

그래야 어디에 얼마를 어떻게 쓸지 정할 수 있거든.

월	
화	
수	
목	
금	
토	
일	

일정을 정리한 표에 언제, 어디에 용돈을 쓸지 표시해 보자. 혼자 결정하기 어려우면 부모님과 의논해서 용돈이 필요한 곳에 표시해 봐.

3. 금액 정하기

정해진 기간에 쓸 돈을 계산해 볼 거야.

《나의 용돈 일기》19쪽을 참고해서 계산해 봐.

_____   _____원 × ___번 = _____원
_____   _____원 × ___번 = _____원
_____   _____원 × ___번 = _____원

예비비 _____원

합계 _____원

_____는 _____에 한번

용돈 _____원을 받습니다.

_____의 용돈 계약서

1. 부모님은 _____에게 (매일, 매주, 매달) ____요일에 용돈 _____원을 주기로 약속합니다.

2. 용돈에는 아래 내용이 포함되며, 특별한 이유 없이 용돈을 추가로 요청할 수 없습니다.

   _____ _____원 × ____번 = _____원
   _____ _____원 × ____번 = _____원
   _____ _____원 × ____번 = _____원
   _____ _____원 × ____번 = _____원

3. 친척 어른이 주시는 특별 용돈은 1만 원까지는 _____가(이) 관리하고, 그보다 많은 돈은 부모님께 맡깁니다.

4. _____는(은) 용돈을 잘 관리하여 저축하도록 노력합니다. 저축을 하면 부모님이 주시는 특별 이자를 받을 수 있습니다.

5. 용돈 금액은 정당한 이유가 있을 때 가족회의를 해서 재협상할 수 있습니다.

6. 부모님은 정해진 날짜에 용돈을 지급하며, _____가(이) 용돈을 잘 관리할 수 있도록 도와줍니다.

7. _____는(은) 용돈을 허투루 쓰지 않고, 책임지고 관리합니다.

202 년   월   일

부모님: (사인)

본인: (사인)

용돈 관리 2단계는
용돈 계획하기!

용돈을 잘 쓰려면 계획적으로 써야 해. 어디에 어떻게 쓸지 미리 생각해 보고 계획하는 거지. 용돈을 계획해서 쓰면 저축도 할 수 있고, 예비비도 넉넉하게 마련할 수 있어. 만약 친구나 가족 생일이 있으면 용돈에서 아껴서 선물을 살 수도 있지. 한번 같이 해 볼래?

1. 내 용돈 확인하기

내 용돈은 (하루 / 일주일 / 한 달)에 _____ 원이야.

2. 날짜와 항목별로 금액 나누기

《나의 용돈 일기》 33쪽을 참고해서 용돈 계획을 세워 봐.

월	
화	
수	
목	
금	
토	
일	

3. 아낄 수 있는 곳 찾기

저축을 계획하고 있다면 용돈을 아낄 수 있는 방법을 찾아야 해. 2번 표에서 아낄 수 있는 곳을 찾아 표시하고, 저축하는 연습을 해 봐.

용돈 우선순위 정하기

저축이나 예비비를 더 늘리고 싶거나 갑작스럽게 돈 쓸 곳이 생기면 어떻게 해야 할까?

용돈 우선순위를 정해서 해결하면 돼. 우선순위는 무엇이 꼭 필요한지, 더 중요한지, 더 급한지 순서를 정하는 거야. 우선순위를 정해 볼까?

1. 용돈 사용 항목 정리하기

《나의 용돈 일기》 38쪽을 참고해서 용돈 사용 항목을 정리해 봐.

용돈 사용 항목

▶

▶

▶

2. 이번 주 용돈 우선순위 결정

용돈 사용 항목 중에서 가장 중요하다고 생각하는 순서대로 우선순위를 정해 볼까? 정하기 어려우면 《나의 용돈 일기》 38쪽을 참고해도 돼.

이번 주 _____의 용돈 우선순위

1순위	2순위	3순위
▶	▶	▶
▶	▶	▶
▶	▶	▶

용돈 관리 3단계는 용돈 기입장 쓰기!

용돈 기입장은 용돈을 어떻게 썼는지 기록하는 수첩이야.
빈칸에 어떤 단어가 들어가는지 보기에서 골라 적어 볼래?

①	②	③	④	⑤
5월 1일	지난주 남은 용돈	500원	0원	500원
5월 2일	이번 주 용돈	10,000원	0원	10,500원
5월 3일	아이스크림	0원	1,000원	9,500원
결산		10,500원	1,000원	9,500원

보기

① 날짜: 돈이 들어오고 나간 날짜를 적습니다.

② 내용: 돈이 들어오고 나간 내용을 적습니다.

③ 들어온 돈: 들어온 돈의 금액을 적습니다.

④ 나간 돈: 나간 돈의 금액을 적습니다.

⑤ 남은 돈: 위 칸의 남은 돈에 들어온 돈을 더하고, 나간 돈을 뺀 금액을 적습니다.

《나의 용돈 일기》 42~43쪽을 잘 읽고 용돈 기입장을 어떻게 쓰는지 연습해 봐.

용돈 기입장

날짜	내용	들어온 돈	나간 돈	남은 돈

용돈 관리 4단계는 용돈 결산하기!

용돈 기입장에 쓴 내용을 확인하면서 용돈을 계획대로 잘 썼는지 확인해 봐.

잘한 일과 고쳐야 할 일을 구분해서 적어 볼까?

계획대로 잘 지켰으면 잘한 일, 계획에 없던 일로 용돈을 쓰거나 예상보다 많이 지출했으면 고쳐야 할 일이야.

잘한 일
▸ 간식비를 아껴서 저축을 시작했어.

▸

▸

고쳐야 할 일
▸ 간식비를 두고 가서 친구에게 돈을 빌렸어. 내일 꼭 갚을 거야.

▸

▸

홈 아르바이트를 할래!

용돈이 부족하면 홈 아르바이트를 해 볼까?

어떤 일을 하고 얼마를 받을지 부모님과 의논해서 결정하고 아래 예처럼 쿠폰을 만들어 봐. 홈 아르바이트를 언제 했는지 확인받을 기록장도 만들어. 홈 아르바이트 비용을 정산할 때 확인이 꼭 필요하거든.

신발 정리하기 500원

휴지통 비우기 500원

식사 준비 돕기 500원

재활용 쓰레기 버리기 1000원

홈 아르바이트 쿠폰 만들기

부모님과 상의해서 결정한 내용으로 홈 아르바이트 쿠폰을 만들어 보자.

홈 아르바이트 기록장

날짜	홈 아르바이트 내용	금액	부모님 확인

저축을 해 볼까?

용돈보다 훨씬 비싼 물건이 갖고 싶을 땐 저축을 해서 살 수 있어. 목표를 세우고, 용돈을 아껴서 저축을 하는 거지.

1. 목표 정하기

나는 _____ 를(을) 위해 _____ 동안 _____ 원을 저축하겠습니다.

2. 용돈 기입장 확인하기

용돈 기입장에서 아낄 수 있는 부분을 확인해.
부족하면 홈 아르바이트를 해서 저축할 돈을 모아도 좋아.

나는 용돈 _____ 원을 아껴서 저축하겠습니다.
나는 홈 아르바이트로 _____ 원을 벌어서 저축하겠습니다.

3. 저축 계획표 만들기

목표:

목표 금액:

기간(언제까지):

저축 약속:

특별 용돈이 생기면 무조건 저축!

아자!

_____의 용돈 계약서

1. 부모님은 _____에게 (매일, 매주, 매달) ____에 용돈 _____원을 주기로 약속합니다.

2. 용돈에는 아래 내용이 포함되며, 특별한 이유 없이 용돈을 추가로 요청할 수 없습니다.

   _____ _____원 × ____번 = _____원
   _____ _____원 × ____번 = _____원
   _____ _____원 × ____번 = _____원
   _____ _____원 × ____번 = _____원

3. 친척 어른이 주시는 특별 용돈은 1만 원까지는 _____가(이) 관리하고, 그보다 많은 돈은 부모님께 맡깁니다.

4. _____는(은) 용돈을 잘 관리하여 저축하도록 노력합니다. 저축을 하면 부모님이 주시는 특별 이자를 받을 수 있습니다.

5. 용돈 금액은 정당한 이유가 있을 때 가족회의를 해서 재협상할 수 있습니다.

6. 부모님은 정해진 날짜에 용돈을 지급하며, _____가(이) 용돈을 잘 관리할 수 있도록 도와줍니다.

7. _____는(은) 용돈을 허투루 쓰지 않고, 책임지고 관리합니다.

202 년   월   일

부모님: (사인)

본인: (사인)

용돈 계약서는 두 장을 똑같이 써서 한 장은 부모님께 드리고, 한 장은 보관하자.

_____의 용돈 계약서

1. 부모님은 _____에게 (매일, 매주, 매달) ____에

    용돈 _____원을 주기로 약속합니다.

2. 용돈에는 아래 내용이 포함되며, 특별한 이유 없이 용돈을 추가로 요청할 수 없습니다.

    _____ _____원 × ____번 = _____원

    _____ _____원 × ____번 = _____원

    _____ _____원 × ____번 = _____원

    _____ _____원 × ____번 = _____원

3. 친척 어른이 주시는 특별 용돈은 1만 원까지는 _____가(이) 관리하고, 그보다 많은 돈은 부모님께 맡깁니다.

4. _____는(은) 용돈을 잘 관리하여 저축하도록 노력합니다. 저축을 하면 부모님이 주시는 특별 이자를 받을 수 있습니다.

5. 용돈 금액은 정당한 이유가 있을 때 가족회의를 해서 재협상할 수 있습니다.

6. 부모님은 정해진 날짜에 용돈을 지급하며, _____가(이) 용돈을 잘 관리할 수 있도록 도와줍니다.

7. _____는(은) 용돈을 허투루 쓰지 않고, 책임지고 관리합니다.

202 년   월   일

부모님: (사인)

본인: (사인)

용돈 계약서는 두 장을 똑같이 써서 한 장은 부모님께 드리고, 한 장은 보관하자.

용돈 기입장

날짜	내용	들어온 돈	나간 돈	남은 돈
결산				

지금까지 저축한 돈	

잘한 일	고쳐야 할 일

용돈 기입장

날짜	내용	들어온 돈	나간 돈	남은 돈
결산				

지금까지 저축한 돈

잘한 일	고쳐야 할 일

용돈 기입장

날짜	내용	들어온 돈	나간 돈	남은 돈
결산				

지금까지 저축한 돈	

잘한 일	고쳐야 할 일

용돈 기입장

날짜	내용	들어온 돈	나간 돈	남은 돈
결산				

지금까지 저축한 돈

잘한 일	고쳐야 할 일

용돈 기입장

날짜	내용	들어온 돈	나간 돈	남은 돈
결산				

지금까지 저축한 돈	

잘한 일	고쳐야 할 일

용돈 기입장

날짜	내용	들어온 돈	나간 돈	남은 돈
결산				

지금까지 저축한 돈	

잘한 일	고쳐야 할 일

용돈 기입장

날짜	내용	들어온 돈	나간 돈	남은 돈
결산				

지금까지 저축한 돈

잘한 일	고쳐야 할 일

용돈 기입장

날짜	내용	들어온 돈	나간 돈	남은 돈
결산				

지금까지 저축한 돈

잘한 일	고쳐야 할 일

용돈 기입장

날짜	내용	들어온 돈	나간 돈	남은 돈
결산				

지금까지 저축한 돈

잘한 일	고쳐야 할 일

용돈 기입장

날짜	내용	들어온 돈	나간 돈	남은 돈
결산				

지금까지 저축한 돈

잘한 일	고쳐야 할 일

용돈 기입장

날짜	내용	들어온 돈	나간 돈	남은 돈
결산				

지금까지 저축한 돈

잘한 일	고쳐야 할 일

용돈 기입장

날짜	내용	들어온 돈	나간 돈	남은 돈
결산				

지금까지 저축한 돈

잘한 일	고쳐야 할 일

용돈 기입장

날짜	내용	들어온 돈	나간 돈	남은 돈
결산				

지금까지 저축한 돈	

잘한 일	고쳐야 할 일

용돈 기입장

날짜	내용	들어온 돈	나간 돈	남은 돈
결산				

지금까지 저축한 돈	

잘한 일	고쳐야 할 일

용돈 기입장

날짜	내용	들어온 돈	나간 돈	남은 돈
결산				

지금까지 저축한 돈	

잘한 일	고쳐야 할 일

용돈 기입장

날짜	내용	들어온 돈	나간 돈	남은 돈
결산				

지금까지 저축한 돈	

잘한 일	고쳐야 할 일

용돈 기입장

날짜	내용	들어온 돈	나간 돈	남은 돈
결산				

지금까지 저축한 돈	

잘한 일	고쳐야 할 일

용돈 기입장

날짜	내용	들어온 돈	나간 돈	남은 돈
결산				

지금까지 저축한 돈	

잘한 일	고쳐야 할 일

용돈 기입장

날짜	내용	들어온 돈	나간 돈	남은 돈
결산				

지금까지 저축한 돈	

잘한 일	고쳐야 할 일

용돈 기입장

날짜	내용	들어온 돈	나간 돈	남은 돈
결산				

지금까지 저축한 돈

잘한 일	고쳐야 할 일

용돈 기입장

날짜	내용	들어온 돈	나간 돈	남은 돈
결산				

지금까지 저축한 돈	

잘한 일	고쳐야 할 일

용돈 기입장

날짜	내용	들어온 돈	나간 돈	남은 돈
결산				

지금까지 저축한 돈

잘한 일	고쳐야 할 일

홈 아르바이트 쿠폰 만들기

 쿠폰을 만들어서 부모님께 드려. 부모님은 이 쿠폰을 주고 홈 아르바이트를 시키세요.

자르는 선

_____의
홈 아르바이트 쿠폰

자르는 선

_____의
홈 아르바이트 쿠폰

자르는 선

_____의
홈 아르바이트 쿠폰

자르는 선

_____의
홈 아르바이트 쿠폰

자르는 선

_____의
홈 아르바이트 쿠폰

자르는 선

_____의
홈 아르바이트 쿠폰

홈 아르바이트 기록장

날짜	홈 아르바이트 내용	금액	부모님 확인

홈 아르바이트 기록장

날짜	홈 아르바이트 내용	금액	부모님 확인

홈 아르바이트 기록장

날짜	홈 아르바이트 내용	금액	부모님 확인

홈 아르바이트 기록장

날짜	홈 아르바이트 내용	금액	부모님 확인

저축 계획표

1. 내 용돈에서 저축할 수 있는 곳 찾기

내 용돈은 (하루 / 일주일 / 한 달)에 _____원이야.

나는 _____에서 _____원을 아껴서 저축할 거야.

나는 홈 아르바이트를 해서

_____원을 벌어 저축할 거야.

2. 저축 계획

목표:

목표 금액:

기간(언제까지):

저축 약속:

저축 계획표

1. 내 용돈에서 저축할 수 있는 곳 찾기

내 용돈은 (하루 / 일주일 / 한 달)에 _____원이야.

나는 _____에서 _____원을 아껴서 저축할 거야.

나는 홈 아르바이트를 해서

_____원을 벌어 저축할 거야.

2. 저축 계획

목표:

목표 금액:

기간(언제까지):

저축 약속:

어린이 실전 경제 시리즈

초판 1쇄 발행 2024년 2월 15일

글 황지영 박미진 장지영 · **그림** 이창희
펴낸이 이선아 신동경 · **디자인** 진보라
펴낸곳 판퍼블리싱 · **출판등록** 2022년 9월 21일 제2022-000007호
주소 서울시 마포구 연남로3길 73-6 2층 · **이메일** panpublishing@naver.com

© 황지영 박미진 장지영 이창희, 2024

ISBN 979-11-983600-4-5 74300
ISBN 979-11-983600-5-2(세트)

* 책값은 뒤표지에 있습니다.
* 잘못 만들어진 책은 구입하신 서점에서 교환해 드립니다.
* 이 책은 저작권법에 의하여 보호를 받는 저작물이므로 무단 전재와 복제를 금합니다.